JOE-SAN'S
CAMEMBERT CHEESE
RECIPES

ジョーさん。の
カマンベール
チーズ
やみつきレシピ

ジョーさん。著

大和書房

こんにちは、料理研究家のジョーさん。です。「。」までが名前です。本書を手に取っていただき、ありがとうございます。

この本は、あますところなく1冊まるごとカマンベールチーズです。牛乳を出してくれている牛さんに申し訳なくなるくらいカマンベールチーズです。

テーマこそカマンベールチーズですが、料理研究家として追求し続けている「誰でも試しやすい」という軸はブレていません。なので、この本はこんな方たちにオススメです。

● カマンベールチーズが好き！
● 簡単で見映えがするレシピが知りたい！
● 時短メニューを覚えたい！
● カマンベールチーズの歴史や栄養が知りたい！

この本では、150ほどのレシピ案の中から71レシピを厳選して載せているので、必ず楽しんでもらえるレシピばかりだと確信しています。

なぜ1冊すべてカマンベールチーズなんていう酔狂なレシピ本を、歴史ある出版社の大和書房さんを巻き込んでまで作ろうと思ったのかと申しますと、「カマンベールチーズが体によくて、おいしくて、しかも食材としてめちゃくちゃ便利だから」です。

食卓は常に楽しいものであるようにというのが僕の願いなのですが、やっぱり見映えのする料理は食卓をワクワクするものにしてくれます。カマンベールチーズって、女性が喜ぶような華やかさもありながら、男性が好きそうながっつり感のあるメニューにも使えるので、本当に万能なんですよね。

そんなカマンベールチーズの可能性を本書で少しでも感じていただき、日々の料理のヒントにしてもらったり、来客時などに引っ張り出して使っていただいたり、そんなふうに日常に溶け込ませてもらえたら本当にうれしいなあと思います。

ぜひ、カマンベールチーズライフを楽しんでみてください。

ジョーさん。

JOE-SAN'S
CAMEMBERT CHEESE
RECIPES

もくじ

Chapter 2
とろ～り至福の主食レシピ

Chapter 3
ごはんがとまらなくなる がっつりおかずレシピ

Chapter 4
もう一品作りたくなる 副菜で逸品レシピ

Chapter 5
お酒がついつい進んじゃう おつまみレシピ

Chapter 6
おやつにも〆にも 極上スイーツレシピ

本書では

- できあがり分量、所要時間、調理時間はおおよその目安です。
- 火加減の目安を記載していますが、ガス、IHなど機種によって異なるため、
  レシピを参考に火加減や加熱時間を調節してください。
- 電子レンジの加熱時間は600W、オーブントースターの加熱時間は1500Wでの
  おおよその目安です。
- 分量の単位は大さじ1＝15㎖、小さじ1＝5㎖、茶碗1杯分は180gです。
- 野菜は皮むき、下処理を前提としています。
- 材料のしょうゆは濃口しょうゆを、バターは有塩のものを使用しています。

Prologue

実はこんなにすごい!
カマンベールチーズのこと

カマンベールチーズが生まれたのは、およそ230年前のこと。
その歴史、作り方、栄養素のほか、保存法や調理法、
おいしい食べ方まで、いろいろと調べてみました。

カマンベールチーズはチーズの女王

　フランス北部ノルマンディー地方の村の名前からその名がついた「カマンベールチーズ」。1789年、フランス革命で亡命していたブリー地方（パリ近郊）出身の修道士がカマンベール村にかくまわれ、その地の農婦にチーズ作りを伝えたことが始まりだといわれています。1855年に鉄道が開通し、パリに流通が始まったことがきっかけで、世界的に愛されるチーズになりました。

　今は世界中で作られるカマンベールチーズですが、カマンベール村で無殺菌乳から独自の製法、決められたルールに則って作られたものは『カマンベール・ド・ノルマンディー』と呼ばれ、EUから原産地名称保護A.O.P.の認定を受けています。ミルクのコクに合わさった複雑味、熟成が進むとともに生まれるねっとりした食感、一段と増す芳醇な香りや個性的な味わい、本格的な力強い風味が特徴です。

　カマンベールチーズは、牛のミルクを原料に作られるナチュラルチーズ。その最大の特徴は表面を覆う「白カビ」です。その白カビチーズの代表格として、カマンベールチーズは「チーズの女王」と呼ばれているのだとか。味わいがまろやかでやわらかく、フォルムも丸みを帯び、どことなく女性をイメージさせるからでしょうか。

　ここでは、どのようにカマンベールチーズが作られるのか、また、栄養素や健康や美容にいいといわれる理由、保存法や調理法など、ご紹介したいと思います。

カマンベールチーズはこうして作られる

ナチュラルチーズは、熟成させない「フレッシュチーズ」と
発酵・熟成させてから食べる「熟成チーズ」に分けられます。
後者のカマンベールチーズ、その作り方を見てみましょう。

ミルク

乳酸菌やレンネットで固める

生乳に「スターター」と呼ばれる乳酸菌
やレンネット（凝乳酵素）、酸などを加え
て固めます。乳酸菌は雑菌の繁殖も抑え
てくれます。

カッティングする

生乳がプリン状に固まったら（凝乳）、
特殊な道具でカットします。分離した水
分はホエイ（乳清）といいます。

加塩する

型から出し、加塩します。チーズの表面
に塩をまぶす方法や、塩分が均一に入る
よう食塩水に浸ける方法があります。

型に詰める

丸い筒状の型に詰めたらそのまま置きま
す。自重で容器の穴からホエイが排出さ
れて少しかたくなってきます。上下をひっ
くり返し、均等な圧がかかるようにします。

白カビの胞子を吹きつける

乾燥後に、チーズの表面に白カビの胞
子を噴霧します。スターターを加える際
に白カビの胞子を添加する場合は、この
工程が省かれます。

熟 成

白カビはチーズの表面で生育し、タン
パク質分解酵素（プロテアーゼ）を分泌
して熟成を促進させます。熟成によって
チーズの組織がやわらかくなり、マッシュ
ルームのような独特な風味が生まれます。

2つのタイプがある

カマンベールチーズは熟成チーズの仲間ですが、
「加熱殺菌済みで保存中に熟成が進まないもの」と、
「非加熱無殺菌で保存中も熟成が進むもの」があります。

ロングライフタイプ

　日本の大手乳製品メーカーが作っているカマンベールチーズは、プラスチック容器などに包装後、加熱殺菌を行ってチーズ由来の微生物、酵素などの働きをとめます。そのため、時間を置いても熟成せず、賞味期限内ならいつでも食べ頃です。

熟成タイプ

　伝統的製法では、製造後に加熱殺菌をしないため、チーズ内の微生物は生きています。そのため、購入後も熟成が進み、白カビが黄味を帯びてくる、香りが強くなる、風味がより濃厚になる、ねっとりとした食感になるといった特徴があります。

チーズは栄養価が高く、「準完全栄養食品」といわれています。
高カロリーで太りそう……と思われがちですが、
美容、健康はもちろん、ダイエット効果も期待できる食品なんです。

チーズの栄養素は牛乳の10倍！

チーズは、牛や羊、水牛などのミルクから水分（ホエイ）を取り除き、約10倍に濃縮された食品。牛乳1杯（200mℓ）に含まれる栄養が、量的には約10分の1のチーズ（20g）に濃縮されている計算になります。

ビタミンCと食物繊維以外の栄養素がほぼ含まれる、栄養価が高い理想的な食品。9種類の必須アミノ酸がバランスよく含まれ、「アミノ酸スコア」の数値が高いのも特長です。

カマンベールチーズに含まれる栄養素	
タンパク質	脂質
炭水化物	ビタミンA
ビタミンB群（ビタミンB₁、ビタミンB₂、ナイアシン、ビタミンB₆、ビタミンB₁₂、葉酸、パントテン酸、ビオチン）	ビタミンD
	ビタミンK
	セレン
	ナトリウム
	カリウム
カルシウム	マグネシウム など

参考：『日本食品成分表2020 七訂』（医歯薬出版）

つまり

■ タンパク質が消化されやすい

■ 燃焼されやすい短鎖・中鎖脂肪酸を比較的多く含む

■ 低糖質である

■ 吸収率の高いカルシウムが豊富

■ レチノール（ビタミンA）やビタミンB群を含む

認知症予防に可能性!!

世界初のヒト試験で成果

近年、カマンベールチーズが認知症、特にアルツハイマー型認知症の予防に役立つ可能性があることがわかってきました。マウス実験では、カマンベールチーズがアルツハイマーの原因となるアミロイドβを減少させ、海馬のBDNFを増やすことが認められています。桜美林大学、東京都健康長寿医療センター、明治の共同研究グループによる軽度認知障害の女性を対象にした試験では、ヒトの場合でもその効果が確認されました。

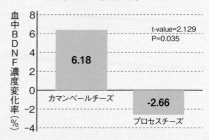

**カマンベールチーズ摂取時に
血中BDNF濃度が高かった**

血中BDNF濃度変化率（%）

t-value=2.129
P=0.035

6.18　カマンベールチーズ

-2.66　プロセスチーズ

高齢女性71人を無作為に2つの群に分け、一方は白カビ発酵のカマンベールチーズ、一方は非カビ発酵のプロセスチーズを3カ月間毎日摂取。その後、3カ月間のウォッシュアウト期間をおき、チーズの種類を交換して再び3カ月間毎日摂取。結果、カマンベールチーズ摂取時のほうが、血中BDNF濃度が有意に高かった（Suzuki T,etal.,J Am Med Dir Assoc. Sep 24. PiI :S1525-8610(19)30518-3(2019)）。

BDNFは脳の栄養分

BDNFとは、神経細胞の発生、成長、維持、再生を促進する脳由来の神経栄養因子。"脳の栄養分"ともいわれています。記憶の中枢である脳の「海馬」に多く発現するほか、血液中にも存在。血中BDNFの濃度は65歳以上になると低下するほか、認知症やうつでも大幅に低下します。BDNF濃度が高いほど記憶力や学習能力などが高く、BDNF濃度と認知能力には相関関係があることがわかっています。

神経細胞の炎症抑制

カマンベールチーズに含まれている「オレアミド」と「デヒドロエルゴステロール」。特にオレアミドの量はプロセスチーズの約10倍というデータもあり、これらの成分が血中BDNF濃度の増加の要因と考えられています。

デヒドロエルゴステロールは、白カビの酵素の作用で生まれると考えられる成分で、神経細胞の炎症や酸化を抑える作用があります。

免疫力がアップ⤴⤴

良質なタンパク質で免疫機能を維持

　生命の根底を担う、もっとも大切な栄養素、タンパク質。筋肉や臓器をつくる主成分でもあり、ホルモンや免疫細胞などの原料でもあります。

　また、体内に異物（ウイルス）が侵入した場合、それを撃退してくれるのは「キラーＴ細胞」。この細胞は良質なタンパク質によって大量につくることができます。

　チーズのタンパク質は、発酵・熟成によってその一部がアミノ酸やペプチドに分解され、消化吸収されやすくなっています。食品中の必須アミノ酸の含有比率を評価する数値を「アミノ酸スコア」といい、そのスコアが高い食品ほど、必須アミノ酸がバランスよく必要量を満たしている指標になるのですが、チーズのアミノ酸スコアは100。チーズはとても良質なタンパク質を豊富に含んだ食品なのです。

血圧上昇を抑制

血圧を下げる作用の「降圧ペプチド」が豊富

　熟成中、乳酸菌や白カビの働きによってタンパク質が徐々に分解されていくなかで、さまざまなペプチドが生成されます。そのペプチドの中には血圧を下げる作用を持つ「降圧ペプチド」が多数含まれています。

　中でも、「ラクトトリペプチド」と呼ばれる、アミノ酸が３つつながったペプチドは、血圧上昇抑制効果を持ち、特定保健用食品にも使われているもの。

　一方で塩分も含まれるチーズ。日本高血圧学会では、高血圧治療のためには食塩制限を重要とし、その推奨値は1日6g未満としています。ただ、カマンベールひと口（20g）の食塩相当量は0.22gほど。塩分量を気にしている方は、摂取量に気をつけながら、日々の生活に取り入れるのがいいと思います。

骨や歯の健康を維持

吸収性がとても高いカルシウム

チーズの熟成過程で生じる「カゼインホスホペプチド（CPP）」がカルシウムと結合し、腸管からの吸収を助けるため、チーズに含まれるカルシウムは吸収性がとても高いといわれています。つまり、骨量や骨密度低下といった骨粗しょう症の予防に効果が期待できます。

また、WHO（世界保健機関）によると、チーズは食品の中で、科学的にもっとも虫歯予防効果が高いランクに分類されているのだとか（キシリトールよりも高い）。チーズ中に含まれるカゼインホスホペプチド、リン酸およびカルシウムイオンの3成分の複合体（CPP-ACP）が大きく寄与していることが明らかになっています。このCPP-ACPには、歯のエナメル質にあいた穴をふさぐ、再石灰化の作用があると考えられています。

ストレスも緩和

ストレスをはね返す3つの栄養素

私たちの体は、ストレスを感じるとそれをはね返すために、副腎皮質ホルモンというホルモンを分泌して、ストレスを緩和し、体の調子を整えようとします。その副腎皮質ホルモンの合成を促進するのが、ビタミンB群のひとつ、パントテン酸。このパントテン酸がストレスに対する抵抗力を生み出します。

また、ストレス時に大量に消費してしまうのが、ビタミンB_1。ビタミンB_1が不足すると、倦怠感や疲労感、うつ症状があらわれるので、十分にビタミンB_1を補給することが大切になってきます。

さらに、近年の研究で、ビタミンDがうつ病を改善する作用があることもわかってきました。

これら3つの栄養素を含んでいるのが、カマンベールチーズなのです。

美容の強い味方!!

チーズはダイエットの敵じゃない

チーズは好きだけど、脂質が多く、カロリーも高いのが難点……と思われがち。けれども、チーズの脂質は短鎖・中鎖脂肪酸で、体内で燃焼しやすいのが特徴。体に脂肪がつきにくいといわれています。また、脂質は、艶やかな髪や潤いある肌づくりにも欠かせない要素です。

さらに、カマンベールチーズに豊富に含まれるビタミンAは肌のターンオーバーを正常に保ってくれる働きが。血液循環を促し新陳代謝を向上させる効果のあるナイアシン、脂肪燃焼効果のほか、皮膚や粘膜の健康維持にひと役買ってくれるビタミンB2、肌のくすみの原因をつくりにくくしてくれるビタミンE、抗酸化作用のあるセレンなども含み、とにかくカマンベールチーズは美容には欠かせない食材なのです。

ほかにもいろいろ

循環器疾患のリスク減、筋力増加など

生乳中の主な糖質である乳糖は、チーズを製造するなかでその大部分がホエイに含まれて排出され、残る一部の乳糖は乳酸菌の作用で乳酸に変化。そのため、チーズは糖質がわずかしか含まれない、低糖質食品といわれています。

また、「チーズの1日あたりの摂取量が10g増加するごとに、循環器系疾患の発症リスクが統計学的に有意に2％低下する」という報告もあります。チーズ摂取が心血管疾患リスク、脳卒中リスクを低下させるとした研究結果もあり、循環器疾患のリスクを低減してくれる働きが期待できるカマンベールチーズ。

さらに、筋肉の合成に必要なロイシンなどの分岐鎖アミノ酸「BCAA」が豊富に含まれており、下肢筋力が増加するという報告もあります。

カマンベールチーズの楽しみ方

美容にも健康にもいいことがわかったカマンベールチーズ。
毎日おいしく食べるために、知っておきたい
「切り方」「保存の仕方」「食べ方」をお伝えします。

切り方

　中心から放射線状にナイフを入れ、扇形に切り分けるのが基本。カマンベールチーズは外側にカビが生育するため、外側から内側に向かって熟成が進みます。扇形に切ることで、しっかりと熟成した外側も、やや若い中心部も一緒に味わうことができます。

保存の仕方

　市販されているチーズの包装は保存するのにも適した素材でできているので、そのまま切り口の断面に密着させて冷蔵保存するのがおすすめです。

　冷蔵庫に保存中、容器や包装との間に水滴がつき、カビが生えたり、蒸れたりする恐れがあります。水分がついたら、ペーパーなどでこまめに拭き取ること。また、においの強い食品の近くに置くのは避け、早めに食べましょう。

おいしい食べ方

お酒

　ワインをはじめさまざまなお酒に合います。カマンベール村のあるノルマンディー地方はりんごの産地として有名なのですが、りんごで作られるお酒、シードルとの相性も抜群。フルーティーな日本酒、コク深い黒ビールもおすすめです。

パン

　カマンベールチーズの、ソフトでマイルドな味わいには、いわゆるフランスパンの中でもバゲットやフィセルのようなハード系のパンがよく合います。

　カマンベールに塩味があるので、塩気が少なめなタイプを選びましょう。

フルーツ

　フルーツは、チーズの味わいに変化をつけるだけでなく、チーズには含まれないビタミンCや食物繊維を補う働きもあります。華やかな香りのトロピカルフルーツのほか、同じ生まれ故郷のりんごもよく合います。

調理法いろいろ

そのままでも十分おいしいのですが、意外にも調理法が楽しめるカマンベールチーズ。本書でもさまざまな調理法のレシピを紹介しています。

漬ける

めんつゆや味噌、赤ワインなどに漬け込むだけで、より濃厚でコク深い味わいが楽しめます。おつまみにしたり、お茶漬けにしたり、使い方もいろいろ。

焼く

こんがり焼き目がつくくらいまでに焼くと、表面がパリッと、中がとろっとし、新しい食感と香ばしい風味が楽しめます。はちみつをかけても美味。

煮る

お鍋やスープなどにインするだけで、いつもの料理が格上げ。とろーりチーズフォンデュのような味わいで、まろやかな逸品に。

揚げる

春巻きやフライ、フリット、揚げ餃子などにしてもおいしいカマンベールチーズ。外はサクッ、中はとろっとがたまらない。揚げ焼きにしてもOK。

和える

ビタミンCや食物繊維を補える野菜やフルーツなどと合わせ、オリーブオイルやドレッシングなどで和えれば、それだけで最強のごちそうに。

JOE SAN'S

CAMEMBERT CHEESE

RECIPES

Chapter 1

シンプルなのに
実にウマい11のレシピ

そのまま食べてもガチでおいしいカマンベールチーズ。
そこにほんのひと手間加えるだけで、さらに最強に。
焼くだけ、のせるだけ、漬けるだけのシンプルレシピ。

ほんとに焼くだけ。
こんがりとろとろ。

材料（2人分）
カマンベールチーズ…1個
E.V.オリーブオイル…大さじ1

焼くだけ
カマンベール

作り方

大約 5分

1 フライパンにオリーブオイルを熱し、カマンベールチーズを片面2分ずつ焼いたらできあがり。

Point!

カマンベールチーズを焼く油は、オリーブオイル以外にも、サラダ油、ごま油のほか、バターなどでもおいしく仕上がります。お好みの油で焼いてください。

高級バーで味わう
リッチな気分に。

材料（2～3人分）
カマンベールチーズ…1個
ミックスナッツ（無塩）…60g
はちみつ…75㎖

カマンベールの
ハニーナッツがけ

—— 作り方 —— ⏱ 5分

1 清潔な密閉保存瓶にミックスナッツを入れ、はちみつを加えて1～3日ほど置く（3日漬け込む場合は、ナッツは素手で触らないように注意）。

2 カマンベールチーズを適当な大きさに切り、**1**をかけたらできあがり。

Arrange!

市販のワッフルに、カマンベールのハニーナッツがけをのせるだけで、極上のスイーツに。急な来客時や小腹が減った時に重宝します。

's Camembert
1
シンプルレシピ

切って、のせて、
ごま油をたらり。

材料
（2人分）

カマンベールチーズ…1個
キムチ…50g
万能ねぎ…1本
ごま油…小さじ2

カマンベールの
キムチのせ

Arrange!

インスタントラーメンにのせるだけで、いつもの味にアクセントがついて味変になります。特にあっさりした塩ラーメンとの相性は抜群。

━━━━ 作り方 ━━━━　　🕐 5分

1 万能ねぎを小口切りにする。

2 カマンベールチーズを6等分に切り、キムチ、万能ねぎをのせ、ごま油をかけたらできあがり。

ダブル発酵食品。
めっちゃ合います!

材料（2人分）
カマンベールチーズ…1個
納豆…1パック
大葉…6枚

カマンベールの納豆がけ

作り方 🕐 7

1 カマンベールチーズは6等分に切る。

2 納豆は付属のタレを入れ、軽く泡立つくらいまでよく混ぜる。

3 大葉の上にカマンベールチーズ、納豆をのせたらできあがり。

Arrange!

冷凍うどんの麺をゆでて器に盛り、納豆とカマンベールチーズを和えてのせ、せん切りにした大葉をオン。味が薄かったらめんつゆを足してください。

Just a Camembe

1

シンプルレシピ

Cheese Recipe

柿の種がパリパリの
うちにめしあがれ。

材料（2人分）

カマンベールチーズ…1個
柿の種（ピーナッツなし）…20g
食べるラー油（市販）…大さじ2

カマンベールの
ラー油&柿の種がけ

━━━━ 作り方 ━━━━ 調理時間 4分

1 柿の種と食べるラー油を和える。

2 カマンベールチーズを食べやすい大きさに切り、
1をかけたらできあがり。

Arrange!

餃子のタレを、これに代えるだけで絶品餃子に。風味だけでなく、ザクザクした柿の種に、餃子のカリッモチッとした食感の組み合わせが最高です。

切って並べるだけ
なのに超おしゃれ！

材料（2人分）
カマンベールチーズ…1個
ピンクペッパー（あれば）…適量
粗びき黒こしょう…小さじ1/2
E.V.オリーブオイル…大さじ1

カマンベールの
ブラックペッパー＆
オイルがけ

―― 作り方 ――

1 カマンベールチーズを6等分に切り、器に並べる。

2 ピンクペッパーと黒こしょうを振り、オリーブオイルをかけたらできあがり。

Arrange!

みずみずしい桃と一緒に和えるだけで、フルーツサラダのような仕上がりに。桃とカマンベールは意外にも相性◎。お酒にも合うのでおつまみにも。

カマンベールと
サーモンのオイル和え

Joe's Camembert
1 シンプルレシピ
Cheese Recipe

編集さんは「オリーブは一般的ではないかも」と言ったんですが、

「これだけは、わざわざオリーブを買う価値があるんです！」

と押し切ったレシピ。それくらいおいしい組み合わせなのです。

混ぜるだけで一つ星級の極上のひと皿に！

1 ブラックオリーブは粗みじん切りにする。パセリはみじん切りにする。

2 カマンベールチーズ、サーモンは2cm角に切る。

3 ボウルにブラックオリーブと2を入れて塩、こしょうを振り、オリーブオイルで和える。

4 器に盛り、パセリを添えたらできあがり。

Point!

材料（2人分）

カマンベールチーズ…1/2個
サーモン…100g
ブラックオリーブ…6粒
パセリ（あれば）…適量
E.V.オリーブオイル…大さじ1
塩・こしょう…各少々

ブラックオリーブは、スーパーの缶詰コーナーに売っていることが多いです。入手してみてください。作っているうちに室温でカマンベールチーズがとろけてきますが、それでOK。とろとろの食感を楽しんでください。

Joe's Camembert
シンプルレシピ
Cheese Recipe

1 カマンベールの味噌漬け

「発酵食品を発酵調味料で漬けるなんて正気か?」と
自問自答しましたが、やってみたらめっちゃおいしい。
塩気強めなので、少量ずつおつまみにどうぞ。

あまった味噌は味噌汁に使って。

1 密閉保存袋に材料をすべて入れ、カマンベールチーズの表面を味噌で覆うようにしながら、空気を抜いて密閉する。

2 3日ほど漬け込んだら味噌を落とし、お好みの大きさに切り分けていただく。

材料（2人分）
カマンベールチーズ…1個
味噌…大さじ4
みりん…大さじ1

Arrange!

適当なサイズに切ったバゲットに、スライスしたアボカドと一緒にカマンベールの味噌漬けをのせ、ごま油をたらしても美味。

邪道だけど、
ウマすぎるやつ。

材料 [2人分]

カマンベールチーズ…1個
めんつゆ(3倍濃縮)…100㎖
水…100㎖

カマンベールの
めんつゆ漬け

―――― 作り方 ――――
調理時間
（漬け込み時間含まず） 4分

1 密閉保存袋に材料をすべて入れ、冷蔵庫でひと晩以上漬け込む。

2 袋から取り出し、お好みの大きさに切り分けていただく。

Arrange!

白飯に溶いた卵白を混ぜ、カマンベールのめんつゆ漬けと卵黄をのせ、小口切りにした万能ねぎを散らしたら、おしゃれなTKGの完成!

食卓が華やぐ
美しい仕上がり!

カマンベールの
赤ワイン漬け

材料（2人分）

カマンベールチーズ…1個

A
赤ワイン…大さじ4
クローブ（あれば）…2粒
シナモンパウダー（あれば）
…1振り

作り方

1 密閉保存袋に合わせた A とカマンベールチーズを入れ、冷蔵庫でひと晩〜1日漬け込む。

2 袋から取り出し、お好みの大きさに切り分けていただく。

Point!

渋みの少ないワインが◎。強い
アルコールが苦手なら、同量の
水を加えましょう。味が染み込
みやすいので必ず切れてい
ないタイプで
作ってください。

Joe's Camembert
1
シンプルレシピ
Cheese Recipe

31

昆布のうま味で
ワンランク上の味に。

材料（2人分）
カマンベールチーズ…1個
塩昆布…20g
わさび…適量
水…大さじ1

カマンベールの昆布締めwithわさび

作り方　8分

1 密閉保存袋にカマンベールチーズを入れ、水、塩昆布を全体にまぶすように加え、空気を抜いて密閉する。

2 4〜5時間漬け込んだカマンベールチーズを器に盛り、塩昆布とわさびを添えたらできあがり。

Arrange!

アツアツのご飯にカマンベールの昆布締めをのせ、だし汁（もしくは緑茶）をかけます。わさびを添えたら、大人のお茶漬けの完成です。

とろ〜り至福の
主食レシピ

実は、ご飯、麺、パンなどの主食にもよく合うんです。
混ぜ込んだり、のせたり、炊き込んだり、焼いたり。
とろり食感がたまらない、一品で大満足の主食レシピ。

カマンベール焼きおにぎり

カマンベールチーズは焼きおにぎりになるために存在している。
って思うくらい相性がよすぎる。香ばしく焼けたしょうゆの香り、
中からとろ〜り出てくる濃厚なチーズがもう……たまらない！

作り方

 所要時間 15分

1 カマンベールチーズを半分に切る。

2 ラップにご飯を茶碗1杯分弱広げ、中央にカマンベールチーズをのせたらラップごとにぎる。同じようにもう1つ作る。

3 ごま油を塗ったアルミホイルの上に2をのせ、片面に合わせたAを塗ったら、オーブントースターでカリッとするまで5〜6分焼く。

4 裏返した面にも合わせたAを塗り、5〜6分焼いたらできあがり。

材料（2人分）
カマンベールチーズ…1/2個
温かいご飯…茶碗2杯分弱
（300g程度）
ごま油…適量

A
しょうゆ…大さじ1
みりん…小さじ1
ごま油…小さじ2

Point!

チーズが溶けすぎてしまうとおにぎりがくずれるので、表面がカリッとしてきたら取り出すのがポイントです。

カマンベール茶漬け

アツアツのご飯にカマンベールチーズとツナをオン、
お湯をかけたらできあがりです。
さらっと食べられてお腹大満足のひと品。

作り方 ─── 所要時間 5分

1 カマンベールチーズは半分に切り、万能ねぎは小口切りにする。
お湯は火にかけて温めておく。

2 茶碗にご飯を盛り、ツナ、カマンベールチーズをのせたら、
鶏ガラスープの素をかける。

3 お湯をかけ、万能ねぎと白炒りごまをかけたらできあがり。

材料（2人分）
カマンベールチーズ…1/2個
温かいご飯…茶碗2杯分
ツナ缶（ノンオイル）…1缶
万能ねぎ…2本
顆粒鶏ガラスープの素…小さじ1
白炒りごま…小さじ1
お湯…350㎖

Arrange!

そのまま食べてももちろんおい
しいのですが、お好みでラー油
をたらすと大人のお茶漬けに。
P.24のカマンベールのラー油＆
柿の種がけをかけてもおいしい。

ツナのダシに
濃厚なチーズがオツ!

チーズを混ぜてほぐす瞬間が至福!

2 カマンベールの炊き込みご飯

とろ〜り主食

Cheese Recipe

玉ねぎ、にんじん、セロリの3つの野菜を炒め合わせると、

「ソフリット」というイタリア料理に欠かせないペーストになります。

それをチーズと一緒に炊き込んでしまおうという、怒られそうな料理。

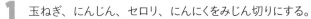
1 玉ねぎ、にんじん、セロリ、にんにくをみじん切りにする。

2 フライパンにオリーブオイルを熱し、にんにくを炒め、香りが立ったら玉ねぎ、にんじん、セロリを加え、透き通るまで炒める。

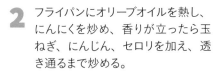

3 米を研いだら炊飯釜に入れ、水を2合の線より少し少なめに加え、コンソメスープの素を加えて混ぜる。

4 2を加えたら、中央にカマンベールチーズを入れ、通常モードで炊飯する。

5 炊き上がったら、カマンベールチーズごと混ぜてほぐす。器に盛り、黒こしょうを振ったらできあがり。

材料（3〜4人分）
カマンベールチーズ…1個
米…2合
玉ねぎ…1/2個
にんじん…1/4本
セロリ…1/4本
にんにく…1片
顆粒コンソメスープの素
…小さじ2
粗びき黒こしょう…適量
E.V.オリーブオイル…大さじ1

Point!

野菜から水分が出るので、水加減は少し少なめに。みじん切りはちょっと面倒ですが、手間に見合ったおいしさですよ。

サーモンの
カマンベール寿司

我が家に友人が遊びにきた時に、よく作るひと品です。

一度、人数で割り切れない数を作ってしまったら、

居間の方から大きな声で「最初はグー！」って聞こえてきました。

――――― 作り方 ―――――　　所要時間 10分

1 カマンベールチーズは8等分に切る。スモークサーモンは長ければ5～6cmに切る。

2 ご飯を8等分にしてラップにのせ、その上にスモークサーモンをのせ、ラップごと包んで丸める。

3 ラップをはずし、1のカマンベールチーズをのせたら、白炒りごまをひとつまみ、わさびを1cm分のせる。残りも同様に作ったらできあがり。

材料（2人分）
カマンベールチーズ…1/2個
ご飯…茶碗1杯分強
　　　（200g程度）
スモークサーモン…8枚
白炒りごま…適量
わさび（チューブ）…8cm

Point!

お寿司と名付けてはいますが、酢飯を作る手間はいりません。カマンベールチーズの塩気とコクで十分においしいからです。

見た目もかわいく、パーティーで大活躍。

ひと皿で食卓が途端に華やぎます。

洋風カマンちらし寿司

彩り豊かで映える、薄目で見れば普通のちらし寿司です。
でも中身は、カマンベールチーズ、生ハム、カニカマ、アボカド。
保存のきく食材を使うので、食べたい時にさっと作れて便利です。

―――――― 作り方 ―――――― 所要時間 13分

1 カマンベールチーズ、アボカドは1.5cm角に切り、カニカマ
は手でほぐす。

2 ご飯に **A** を加えてよく混ぜる。

3 器に**2**を盛り、生ハム、アボカド、カニカマ、カマンベールチー
ズを全体に散らす。白炒りごまを振ったらできあがり。

材料（2人分）

カマンベールチーズ…1/2個
ご飯…茶碗2杯分
生ハム…8枚
カニカマ…4本
アボカド…1個
白炒りごま…適量

A 塩昆布…20g
白炒りごま…小さじ1/2
ごま油…小さじ1

Point!

エビやサーモンなど好きな具材
でアレンジしてみましょう。白飯
とカマンベールチーズの相性が
いいので、酢飯は作りません。

カマンベールでハイカロ丼

「またこんなものを生み出して！　飯テロ罪で逮捕すんぞ！」
と言われました。身に覚えがありすぎて言い返せませんでした。
今これ書いてる私も、カロリーのことは忘れてかぶりつきたい。

━━━━━━ 作り方 ━━━━━━　　所要時間 9分

1 カマンベールチーズは3等分に切り、ベーコンは1.5cm幅に切る。

2 フライパンにバターを温め、ベーコンをカリッとするまで炒める。

3 茶碗にご飯を盛り、カマンベールチーズをのせ、電子レンジで30秒加熱する。

4 ベーコンをご飯の上にのせたら、**2**のフライパンに卵を割り入れ、ふたをせず弱めの中火で2〜3分焼く。

5 **4**をご飯の上にのせ、めんつゆをかけ、黒こしょうを振ったらできあがり。

材料（1人分）
カマンベールチーズ…1/2個
ご飯…茶碗1杯分
厚切りベーコン…150g
卵…1個
バター…10g
めんつゆ（3倍濃縮）…小さじ2
粗びき黒こしょう…適量

Point!

ぜひ厚切りのベーコンで作ってください。卵はふたをしないでじっくり焼くことで、黄身が白くならずにきれいに仕上がります。

この魅力にはあらがえません。

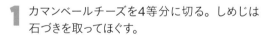

2 とろ〜り主食
Joe's Camembert Cheese Recipe

カレーとの相性も
バツグンです。

材料（1人分）
: カマンベールチーズ…1個
: ご飯…茶碗1杯分強
: 　（200g程度）
: レトルトカレー（市販）…1袋
: しめじ…1/2パック
: パセリ（あれば）…少々

カマンベール焼きカレー

作り方 ── 所要時間 14分

1 カマンベールチーズを4等分に切る。しめじは石づきを取ってほぐす。

2 耐熱皿にご飯、カレー、カマンベールチーズの順に入れたら、ほぐしたしめじを散らす。

3 オーブントースターで2を6分焼いたらできあがり。お好みでみじん切りにしたパセリを振る。

Arrange!

フライドポテトを揚げ、その上にカレー、カマンベールチーズ、ほぐしたしめじの順にのせ、オーブントースターで焼いたら子どもも大好きな一品に。

カマンベールチーズリゾット

2 とろ～り主食

材料（2人分）
カマンベールチーズ…1個
米…1.5合
ハーフベーコン…8枚
牛乳…100mℓ
粉チーズ…適量
粗びき黒こしょう…適量

牛乳…300mℓ
しょうゆ…小さじ2
A 顆粒コンソメスープの素
…小さじ2
水…200mℓ

作り方 — 所要時間（炊飯時間をのぞく） **10**分

1 ベーコンは1cm幅に切る。

2 米を研いだら炊飯釜に入れ、A、カマンベールチーズ、ベーコンを加え、早炊きモードで炊飯する。

3 炊き上がったら牛乳を加えて混ぜる。

4 器に盛り、粉チーズ、黒こしょうを振ったらできあがり。

Point!

炊飯器は5合炊き以上のもので炊飯してください。それより容量が少ないとあふれてしまいます。後から牛乳を追加することで、コクをプラスオン。

濃厚なリゾットがおうちで簡単に!

豆乳とチーズのコクが
味の決め手！

友だちに作ったら、「おいしい」とも「イマイチ」とも言われず。

ドキドキしながら見ていたら、一気に完食していました。

本当においしい時、人は無言になるみたいです。

カマンベールで
味噌ラーメン

1 カマンベールチーズは6等分に切る。万能ねぎは小口切りに、にんにくはみじん切りにする。

2 鍋にお湯（分量外）を沸騰させ、中華麺を袋の表示通りにゆでる。

3 別の鍋にお湯、豆乳を入れて温める。

4 丼にラーメンスープの素を入れ、**3** を注ぎ入れたら、**2** の麺を入れる。

5 カマンベールチーズ、にんにく、ホールコーン、万能ねぎをのせたらできあがり。

材料（2人分）
カマンベールチーズ…1個
中華麺…2玉
ホールコーン…50g
万能ねぎ…1～2本
にんにく…1片
ラーメンスープの素…1袋
豆乳…200㎖
お湯…300㎖

Point!

カマンベールチーズに塩気があるので、ラーメンスープの素は少なめに入れましょう。味を見て、足りなかったら加えるようにしてください。

カマンベールで焼きそば

作り方

所要時間 15分

1 カマンベールチーズは8等分に切る。豚肉とピーマンはひと口大に切る。にんじんは斜め薄切りにする。

2 フライパンにサラダ油を熱し、にんじんをしんなりするまで炒める。

3 焼きそば麺を電子レンジで30秒加熱し、**2**にのせる。

4 **3**に豚肉、ピーマンをのせ、酒を振ったら3分蒸し焼きにする。

5 麺をほぐしながら全体を炒め合わせ、焼きそばソースの素を加えて炒め合わせる。

6 カマンベールチーズをのせてふたをし、1〜2分蒸し焼きにしたらできあがり。

材料（2人分）
カマンベールチーズ…1個
焼きそば麺…2玉
豚バラ薄切り肉…150g
にんじん…1/2本
ピーマン…2個
焼きそばソースの素…2袋
酒…大さじ1
サラダ油…大さじ1

Arrange!

カップ焼きそばでやってもおいしいです。乾麺にカマンベールチーズをのせたら熱湯を入れ、表示通りに作るだけでコクウマなインスタント焼きそばに。

たまに友だちに試食してもらうのですが、味見をしたら激ウマ！
「これはイマイチだったから僕が自分で食べるね」と言って
独り占めしようとしました。一発でバレました。

焼きそばを最高にリッチに食べる方法。

こんなのおいしいに決まってる。

濃厚なコクやクリーミーさは、カマンベールチーズの仕事。
風味も、味も、食感も、カルボナーラのためなの?
っていうくらい、いい働きをしてくれてます。

カマンベールで
カルボナーラ

Joe's Camembert
2
とろ～り主食
Cheese Recipe

 所要時間 15分

作り方

1 ベーコンは1cm幅に切る。

2 フライパンにオリーブオイルを熱し、ベーコンを表面がカリッとするまで炒める。

3 牛乳、コンソメスープの素、カマンベールチーズをちぎって加え、時々混ぜながら沸騰しないように温める。

4 別の鍋にお湯（分量外）を沸かし、スパゲティを表示通りにゆでる。ゆで上がったら、**3**に加えてよく和える。

5 器に盛り、黒こしょうを振ったらできあがり。

材料（2人分）
カマンベールチーズ…1個
スパゲティ…2人分
　　　　（180g程度）
ハーフベーコン…10枚
牛乳…130㎖
顆粒コンソメスープの素
…小さじ1
粗びき黒こしょう…小さじ1
E.V.オリーブオイル…小さじ2

Point!

スパゲティの太さはお好みで。ベーコンは焦げる直前までカリッとさせると、味が染み出ます。ソースは風味が飛ばないよう弱火で。

53

カマンベール チーズグラタン

作り方

所要時間 12分

1 フライパンにオリーブオイル小さじ1とパン粉を入れて熱し、茶色く色づくまで炒めたら器に取り出す。

2 同じフライパンにお湯（分量外）を沸騰させ、マカロニを表示通りにゆでる。ゆで時間が残り2分になったらエビを加えて一緒にゆで、ゆで上がったらオリーブオイル大さじ1で和える。

3 フライパンに**A**、ちぎったカマンベールチーズを入れて火にかけ、溶けるまで混ぜながら加熱する。

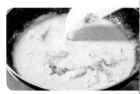

4 器に**2**、**3**の順に盛り、**1**のパン粉、みじん切りにしたパセリを振る。

材料（1人分）
カマンベールチーズ…1個
マカロニ…50g
エビ…50g
パセリ（あれば）…適量
パン粉…大さじ2
E.V.オリーブオイル…適量

A［ 牛乳…80㎖
バター…10g
ピザ用チーズ…30g
こしょう…少々 ］

Point!

僕は洗い物が増えるのが嫌なので、1つのフライパンでそのまま作り続けます。気になる方は都度フライパンを洗ってください。

これ、はちゃめちゃにおいしいんですが、
パン粉がのどにひっかかってむせることがあります。
よく混ぜ合わせて食べるのがおすすめです。

オーブン不要のグラタンです!

カマンベールの
お好み焼き

1 キャベツはせん切りにする。

2 ボウルに卵、水、和風だしの素を入れてよく混ぜ、薄力粉を
加えてさらに混ぜる。

3 **2**にキャベツを加えて混ぜる。

4 フライパンにサラダ油を熱してベーコンを並
べ、カマンベールチーズをのせる。

5 上から**3**をかけて形を整えたら、ふたをして
弱めの中火にし、8分蒸し焼きにする。

6 **5**を裏返し、ふたをせずに5分焼いたら器
に盛り、お好み焼きソース、鰹節、青のり、
マヨネーズをかけたらできあがり。

材料（2〜3人分）
カマンベールチーズ…1個
ハーフベーコン…5枚
キャベツ…5〜6枚（250g程度）
薄力粉…100g
卵…1個
顆粒和風だしの素…小さじ1/2
お好み焼きソース、鰹節、青の
り、マヨネーズ…各適量
水…100㎖
サラダ油…大さじ1

Point!

キャベツはすでにせん切りになっ
ているものを買ってきてもOKで
す。ベーコンがなければ豚肉の
薄切りでもおいしいです。

Joe's Camembert
2
とろ〜り主食
Cheese Recipe

キャベツの量が多くて意外とあっさりしているので、
ついつい食べすぎちゃう危険なお好み焼き。
友人はまるごと完食した後、倒れ込んでいました。

切ったそばから
とろけるウマさ！

家だからこそできるぜいたくバーガー！

カマンベールで
チーズバーガー

「おいしい！　どうやったらこんなの思いつくんですか!?」と
褒められてうれしかったオリジナルのバーガー。でも、
よくよく調べたらハンバーガーチェーンが過去にやってました。

1 玉ねぎをみじん切りにする。耐熱ボウルに入れてふんわりラップをし、電子レンジで1分30秒加熱する。

2 別のボウルにひき肉、**A**、玉ねぎを加えてこねたら、カマンベールチーズよりも少し大きめに成形する。

3 フライパンにサラダ油を強めの中火で熱し、**2**を片面1分ずつ焼いて焼き目をつける。ふたをして弱火にし、さらに片面3分ずつ焼く。

4 カマンベールチーズを横半分に切り、**3**、トマト、レタスの順にはさんだらできあがり。

材料（1人分）
カマンベールチーズ…1個
牛豚合いびき肉…100g
玉ねぎ…1/8個
トマト（スライス）…1枚
レタス…1枚
サラダ油…小さじ2

A ┌ パン粉…小さじ2
　├ ナツメグ（あれば）…少々
　└ 塩・こしょう…各少々

Point!

カマンベールチーズは冷えていたほうが横半分に切りやすいので、冷蔵庫から出したてのものを使うのがおすすめです。

カマンベールで
イングリッシュマフィン

ツナ、カマンベールチーズ、そしてこんがり焼けたマフィン。
オイリーなコクに、チーズの風味が最強。
約束された勝利のサンドです。

───── 作り方 ───── 所要時間 10分

1 カマンベールチーズを横半分に切り、電子レンジで30秒加熱する。

2 ボウルにみじん切りにした玉ねぎと汁気を切ったツナを入れ、合わせた **A** で和える。

3 イングリッシュマフィンの上下を分け、オーブントースターでこんがりと焼く。

4 **3**にカマンベールチーズ、**2**をのせてはさんだらできあがり。

材料（2人分）
カマンベールチーズ…1個
イングリッシュマフィン…2個
ツナ缶（ノンオイル）…1缶
玉ねぎ…1/8個

A
めんつゆ（3倍濃縮）…小さじ2
マヨネーズ…大さじ1
砂糖…ひとつまみ
粗びき黒こしょう…少々

Point!

カマンベールチーズを電子レンジでやわらかくするのがコツ。ひとつまみの砂糖と粗びき黒こしょうが味をまとめてくれます。

カリッと香ばしいマフィンがウマい！

玉ねぎとチーズの
コントラストが絶妙！

カマンベールで
カスクート風

「カスクート」はフランス語で「軽食」という意味。
細長いパンに切れ目を入れて具材をはさんだものです。
……って調べた本に書いてありました。

作り方

所要時間 **10**分

1 フランスパンは横に切れ目を入れ、カマンベールチーズは4等分に切る。玉ねぎは薄切りにする。

2 玉ねぎを混ぜ合わせた **A** で和える。

3 フランスパンに、半分にたたんだハムを並べ、カマンベールチーズ、**2**をのせてはさんだらできあがり。

材料（2人分）
カマンベールチーズ…1個
ソフトフランスパン…20cm
ハム…6枚
玉ねぎ…1/4個

A
酢…小さじ1
粗びき黒こしょう…少々
E.V.オリーブオイル…小さじ2

Point!

フランスパンに切れ目を入れる際、完全に切れないように注意を。オーブントースターでカリッと焼くとより一層おいしくなります。

カマンベールで
バインミー

「大葉が嫌い、生野菜も得意じゃない」という男子に出したら、
「あれ？　おいしい……」と不思議そうな顔しながら2人前ペロリ。
野菜嫌いも克服できちゃうすごいヤツなんです。

作り方

所要時間 **13**分

1 フランスパンは横に切れ目を入れ、カマンベールチーズは横半分に切る。

2 にんじん、大根をせん切りにしてボウルに入れ、塩を揉み込んだら、酢、砂糖を加えてよく混ぜる。

3 フランスパンに汁気を絞った**2**、カマンベールチーズ、大葉の順にのせてはさんだらできあがり。

材料（2人分）
カマンベールチーズ…1/2個
ソフトフランスパン（バゲットでも可）…20cm
にんじん…1/4本
大根…4cm
大葉…3枚
酢…大さじ1
砂糖…小さじ1
塩…小さじ1/2

Point!

いちばんの味の決め手は、にんじんと大根をなますにすること。このひと手間を惜しまないだけで、格段においしくなります。

ラップで包めばおしゃれランチ。

チーズ×はちみつは最高のマリアージュ！

カマンベール
チーズピザ

材料（2人分）
カマンベールチーズ…1個
ピザ用チーズ…50g
ブルーチーズ…30g
ピザ生地（市販）…1枚
はちみつ…小さじ2

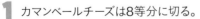
作り方 ——— 所要時間 **9分**

1 カマンベールチーズは8等分に切る。

2 ピザ生地にピザ用チーズ、1、ブルーチーズをのせたら、オーブントースターで6分焼く。

3 はちみつをかけたらできあがり。

Point!

ピザ生地は何ものっていないものか、チーズのみがのっている市販のものを使います。オーブンで焼く場合は250℃で予熱した後、4～5分焼きます。

JOE-SAN's

CAMEMBERT CHEESE

RECIPES

Chapter 3

ごはんがとまらなくなる
がっつりおかずレシピ

いつも食卓に並ぶなじみのおかずにプラスするだけで、
ぐんとリッチ感がプラス。コクも、おいしさも増して、
ご飯を何杯もおかわりしてしまう、悪魔のレシピたち。

ジューシーなお肉からとろけるチーズ!

カマンベール入り
煮込みハンバーグ

カマンベールチーズをまるごと肉で包んで、焼いて、煮込む。
すると、「枕か!」っていうくらい特大のハンバーグが完成。
煮込みソースはご家庭にある調味料だけで作れちゃいます。

1 にんじんは半月切りに、しめじは石づきを取ってほぐす。Bは混ぜ合わせる。

2 玉ねぎをみじん切りにする。耐熱ボウルに入れてふんわりラップをし、電子レンジで2分40秒加熱する。

3 別のボウルにひき肉、A、玉ねぎを入れてこねる。

4 3のタネに少し粘り気が出てきたら、カマンベールチーズを包んでたいこ形に整える。

5 フライパンにサラダ油を強火で熱し、4を全体に焼き色がつくまで3分焼く。

6 全体に焼き色がついたら弱火にし、B、にんじん、しめじを加えてふたをし、中火にして6分加熱する。裏返してさらに6分煮込んだらできあがり。

材料（3～4人分）

カマンベールチーズ…1個
牛豚合いびき肉…300g
玉ねぎ…1/2個、にんじん…1/2本、しめじ…1/2パック
サラダ油…大さじ1

A
パン粉…大さじ4
ナツメグ（あれば）…小さじ1/4
塩・こしょう…各少々

B
ケチャップ…大さじ4
中濃ソース…大さじ2
しょうゆ…大さじ2
酒…大さじ4
顆粒コンソメスープの素…小さじ1
水…100㎖

Point!

焼きハンバーグは、初心者は失敗しやすいので煮込みハンバーグにしました。チーズのうま味と相性のいいきのこ入りの煮込みソースを作ります。

カマンベールの
ローストビーフ包み

パプリカのシャキシャキ感にチーズのとろっと感、
ローストビーフのうま味のトリプルでノックアウトされる、
意外にも白飯に合うおかずなんです！

―――――― 作り方 ―――――― 16分

1 深めの耐熱容器に A を入れて混ぜ、電子レンジで1分10秒加熱したら、にんにくを加えて混ぜ合わせる。

2 カマンベールチーズを12等分に切る。パプリカは薄切りにする。

3 ローストビーフを1枚ずつ広げ、パプリカ、カマンベールチーズの順にのせて巻く。

4 器に盛り、**1** をかけたらできあがり。

材料
(2人分)

カマンベールチーズ…1個
ローストビーフ…12枚
パプリカ(黄)…1/4個
パプリカ(赤)…1/4個
にんにく(チューブ)…4cm

A
しょうゆ…大さじ1
みりん…小さじ1
酒…小さじ1
E.V.オリーブオイル
…大さじ1/2

Point!

ローストビーフは市販の薄切りになっているものを買うと楽チンです。パプリカがなければピーマンでもOK！

まるでデパ地下高級デリのおつまみ。

カマンベールの豚バラ巻き

しょうゆ＋砂糖の甘辛いタレに、カリッと香ばしい豚肉。
切った途端に流れ出るとろっとろのチーズ。
来客時に出したら、歓声が上がること間違いなし！

作り方

調理時間 18分

1 万能ねぎは小口切りにする。 A は混ぜ合わせる。

2 豚肉を1枚ずつ広げ、カマンベールチーズをのせて巻く。これを繰り返し、豚肉でカマンベールチーズ全体を巻く。

3 フライパンにごま油を熱し、**2**を入れてふたをし、転がしながら全体に焼き色がつくまで焼く。

4 A を加えてとろみがつくまで加熱し、全体にタレを絡める。器に盛り、万能ねぎをかけたらできあがり。

材料（2人分）
カマンベールチーズ…1個
豚バラ薄切り肉
…6枚（130g程度）
万能ねぎ…1本
ごま油…小さじ2

A
しょうゆ…大さじ2
酒…大さじ2
砂糖…大さじ1

Point!

じっくり焼くことがポイントですが、切ってみた時に豚肉がまだ生っぽかったら、電子レンジで加熱して火を通しましょう。

甘じょっぱいタレが食欲をそそる。

無限にイケる絶品餃子です。

「どうしよう、ジョーさん。、お箸とビールがとまらないよ!」
とみんなを涙させた、悪魔のようなレシピです。
タレはポン酢でも、24ページのラー油&柿の種がけでも。

カマンベール餃子

1 キャベツとにんにくはみじん切りにする。

2 ボウルにひき肉と A を入れて混ぜ合わせたら、1とカマンベールチーズをちぎりながら加えてさらに混ぜる。

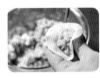

3 餃子の皮で2を包む。

4 フライパンにごま油大さじ2を熱し、3を並べたらふたをして1分焼く。

5 お湯を注ぎ、ふたをして3〜4分焼く。

6 ふたを取って強火にし、水分が飛んだらごま油大さじ1を回しかける。パリッとするまで焼いたらできあがり。

材料（4人分）

カマンベールチーズ…1/2個
豚ひき肉…180g
キャベツ…2〜3枚（120g程度）
にんにく…1片
餃子の皮…26枚
ごま油…大さじ3
お湯…適量（餃子が1/4浸る程度）

A
片栗粉…小さじ1
しょうゆ…小さじ1
こしょう…少々
ごま油…小さじ2

Point!

ごま油はケチらずたっぷりと、がおいしく餃子を焼くコツ。「焼き」というより「揚げ」では？ ってくらい底がパリパリになるよう入れてください。

エビと大葉の
カマンベール揚げ春巻き

作り方 ⏱ 15分

1 カマンベールチーズは8等分にする。エビは包丁で粗くたたく。

2 ボウルにひき肉、エビ、Aを入れて混ぜ合わせる。

3 ライスペーパーを水にくぐらせたら、大葉、2、カマンベールチーズをのせて包む。

4 フライパンに1cm深さの油を入れて180℃に熱し、3をきつね色になるまで揚げる。

5 器に盛り、スイートチリソースにつけながらいただく。

材料（2人分）

カマンベールチーズ…1/2個
豚ひき肉…100g
むきエビ…5〜6尾（60g程度）
大葉…10枚
ライスペーパー…8枚
スイートチリソース…適量
揚げ油…適量

A
　片栗粉…小さじ1
　こしょう…少々
　ごま油…小さじ1

Point!

ひき肉だけでもおいしいのですが、エビを入れることでプリッとした食感が生まれ、より一層おいしくなります。

僕は実は、大葉があまり得意ではありませんでした。
でも大葉とカマンベールチーズの組み合わせがおいしすぎて、
大葉にドハマり。この春巻きなら大葉300枚くらいいけそうです。

サクサク×ジューシーが美味！

チーズ＆ポン酢につけながら食す新食感！

たぶんこれ、本格的な和食の料理人さんに見せたら、

助走つけてパンチされると思うんですけど、

でも、おいしいんです。パンチされても食べ続けます。

カマンベールの牛しゃぶ

3 がっつりおかず

作り方

調理時間 19分

1 カマンベールチーズは6等分に、にんじんは斜め薄切りにする。白菜は芯の部分と葉のやわらかい部分に分け、ひと口大に切る。えのきだけは石づきを落としてほぐす。

2 鍋に酒と水を入れて強火にかけ、沸騰したら弱火にし、白菜の芯、にんじん、えのきだけ、白菜の葉の順に具材を加え、やわらかくなるまで4分煮込む。

3 カマンベールチーズを中央に入れたら白だし、白すりごまを加え、中火にする。

4 沸騰してきたら、牛肉をしゃぶしゃぶし、ポン酢などにつけながらいただく。

材料（4人分）
カマンベールチーズ…1個
牛肩ロース肉（しゃぶしゃぶ用）…300g
白菜…1/4玉
にんじん…1/2本
えのきだけ…1株
白すりごま…大さじ2
ポン酢…適量
白だし…大さじ5
酒…100mℓ
水…600mℓ

Point!

牛肉はお好みで「牛肩ロース薄切り肉」「牛バラ薄切り肉」「牛こま切れ肉」などでもOKです。豚肉でもおいしいですが、きちんと加熱するように注意してください。

カマンベールキムチ鍋

キムチとチーズってどうしてこんなに合うのか。
ほんとに発酵食品は人類の叡智(えいち)の結晶だと思います。
そんな素晴らしい組み合わせを鍋に投入し、
ぐつぐつ煮ていくだけで完成です!

作り方 25分

1 白菜は1枚ずつはがす。

2 白菜を豚肉と交互に重ね、5cm幅に切る。

3 中央があくように鍋に2を並べ入れたら、中央にキムチを入れ、カマンベールチーズをのせる。

4 Aを混ぜ合わせて白菜の上に回しかけ、ふたをして弱火で煮る。白菜がやわらかくなったらできあがり。

Point!

工程2で、白菜の葉の向きを互い違いにするように重ねていくと、厚みが均等になり調理がしやすいです。

材料（3〜4人分）
カマンベールチーズ…1個
豚バラ薄切り肉…200g
白菜…1/4玉
キムチ…100g

A
味噌…大さじ2
酒…100㎖

ダシいらず！
キムチーズでコクウマ！

鶏肉とチーズの組み合わせも最強説!

昔々、あるところに、お鍋を調理している料理人がいました。
料理人はうっかりカマンベールチーズを鍋の中にポトン。
これがおいしいと評判となりこの鍋が誕生しました。嘘です。

キャベツと鶏肉の
カマンベール鍋

1 カマンベールチーズは6等分に切る。鶏肉はひと口大に切り、キャベツはざく切りに、にんにくは薄切りにする。

2 鍋にキャベツ、鶏肉、にんにくの順に入れたら、Aを回しかけてふたをし、強めの中火で10分煮る。

3 ふたをあけ、中央にカマンベールチーズをのせたら再びふたをし、2分煮込む。

4 ごま油を回しかけたらできあがり。

材料（2〜3人分）

カマンベールチーズ…1個
鶏もも肉…1枚
キャベツ…1/2玉
にんにく…2片
ごま油…大さじ1

A
鶏ガラスープの素…大さじ1
しょうゆ…小さじ1
酒…100㎖
水…300㎖

Arrange!

鍋を食べ終わったら、〆に雑炊を。ご飯（茶碗1杯分）と塩（ひとつまみ）を加えてひと煮立ちさせましょう。溶き卵（1個分）を加えてさっと火を入れたら完成！

トマト缶とカマンベールの豚バラ鍋

作り方 28分

1 豚肉は食べやすい大きさに切る。白菜は1枚ずつはがし、芯の部分と葉のやわらかい部分に分け、食べやすい大きさに切る。にんにくは薄切りにする。A は混ぜ合わせておく。

2 鍋にトマト缶のトマトを入れて強めの中火にかけ、つぶしながら5分煮詰める。

3 白菜の芯、にんにく、酒を入れたらふたをし、中火にかけて10分煮込む。

4 豚肉、白菜の葉の順に加えたら A を回しかけ、中央にカマンベールチーズをのせてふたをし、再び5分煮込む。

5 黒こしょうを振り、オリーブオイルを全体にかけたらできあがり。

材料（2～3人分）
カマンベールチーズ…1個
豚バラ薄切り肉…200g
白菜…1/8玉（200g程度）
にんにく…1片
トマト缶（ホール）…1缶
酒…100ml
粗びき黒こしょう…2振り
E.V.オリーブオイル…大さじ1

A しょうゆ…大さじ1
砂糖…小さじ1と1/2
顆粒コンソメスープの素…小さじ2

Point!
トマト缶のトマトは、じっくり加熱しないと酸味が残ってしまうことがありますが、砂糖を入れることで酸味が和らぎます。

こっくりトマトとチーズは
相性抜群！

カマンベールチーズのクリーミーさが、
トマトと白菜のかけ橋的な役割を担う極上鍋。
とろっとチーズと白菜、合わないわけがないんです。

Joe's Camembert

3

がっつりおかず

Cheese Recipe

天国が見えそうなふわとろ食感♪

ふわとろ卵と、とろけるカマンベールチーズ。
親子丼よりもさらに白飯に合っちゃう、
最高のおかずがついにここに完成してしまいました。

鶏肉とカマンベールの
ふわとろ卵とじ

1 鶏肉はひと口大に切り、長ねぎは斜め薄切りにする。

2 フライパンにごま油を熱し、鶏肉の皮目を下にして入れ、皮に軽く焦げ目がつくまで焼く。

3 長ねぎを加えてさっと炒め合わせたら、めんつゆ、水を加えて沸騰させる。沸騰したら弱めの中火にし、火が通るまで3分煮る。

4 カマンベールチーズをちぎって散らし、溶いた卵を加えて煮る。卵が半熟状になったらできあがり。

材料（2人分）
カマンベールチーズ…1/2個
鶏もも肉…1枚
長ねぎ…1/2本
卵…3個
めんつゆ（3倍濃縮）…大さじ3
ごま油…小さじ2
水…大さじ6

Point!

最初に鶏もも肉を香ばしく焼くのがポイント。風味がつくだけでなく、しっかり脂が抜けるまで焼くことで、皮のブヨッとした食感が気にならなくなります。

はちみつをかければ
意外なおいしさ発見！

春巻きのカマンベール包み焼き

材料（2人分）
カマンベールチーズ…1個
ハム…6枚
春巻きの皮…6枚
粗びき黒こしょう…適量
サラダ油…大さじ5

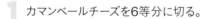 作り方 調理時間 15分

1 カマンベールチーズを6等分に切る。

2 春巻きの皮にハム、カマンベールチーズをのせて包む。

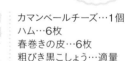

3 小さめのフライパンにサラダ油を熱し、時々転がしながら4〜5分揚げ焼きにする。

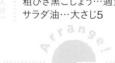

4 こんがり焼き目がついたら器に並べ、黒こしょうを振ったらできあがり。

Arrange!

春巻きの皮をガレット風に包んで焼けば、見た目華やかに。お好みではちみつ（大さじ2）をかけると大人の味わいが深しめます。

JOE-SAN'S

CAMEMBERT CHEESE

RECIPES

Chapter 4

もう一品作りたくなる
副菜で逸品レシピ

あともう一品おかずが欲しい——。そんな時に重宝。
サラダ、オムレツ、スープに箸休めなど
お酒のおつまみとしても楽しめるレシピ、集めました。

ポテサラが、電子レンジで簡単に作れるってご存じでしたか?
そのことを友だちに教えたら、「あなたは神か!」と
あがめられました。簡単なのに激しくウマいのです。

Joe's Camembert
4
副菜で逸品
Cheese Recipe

カマンベールで
ホットポテサラ

所要時間 12分

作り方

1 じゃがいもを2cm角に、玉ねぎをみじん切りにしたら、耐熱ボウルに入れてふんわりラップをし、電子レンジで5分加熱する。

2 1をフォークなどでつぶし、熱いうちにコンソメスープの素、マヨネーズを加えて混ぜる。

3 カマンベールチーズをちぎって加え、さっと混ぜ合わせたら器に盛り、乾燥バジルと黒こしょうを振ったらできあがり。

Point!

じゃがいもが古くて水分が足りない時は、大さじ1の水を加えてからレンチンするとしっとりします。工程2は熱いうちに行うことで、味が染み込みます。

材料（2人分）
カマンベールチーズ…1/2個
じゃがいも…3個（250g程度）
玉ねぎ…1/8個
乾燥バジル（パセリでも可）…適量
マヨネーズ…大さじ4
顆粒コンソメスープの素…小さじ1/2
粗びき黒こしょう…適量

カマンベールで
かぼちゃサラダ

おいしすぎて、大地の恵みに感謝したくなるレシピ。
かぼちゃも、カマンベールも、食材として完璧すぎて、
畑の大地と牛にキスして回りたいほど。

──────── 作り方 ──────── 調理時間 10分

1 かぼちゃをひと口大に切る。耐熱ボウルに入れ、水大さじ1（分量外）を振りかけたらふんわりラップをし、電子レンジで5分加熱する。

2 1の水気を切り、フォークなどで粗くつぶし、マヨネーズ、塩、黒こしょうを加えてよく混ぜる。

3 カマンベールチーズをちぎって入れ、レーズンを加えてさらに混ぜ合わせたらできあがり。

Point!

かぼちゃがかたくて切れない時は、先にレンチンを。温かいうちにつぶしてチーズを入れることで、とろける食感が楽しめます。

材料（2人分）
カマンベールチーズ…1/3個
かぼちゃ…200g（1/8個程度）
レーズン…20g
マヨネーズ…大さじ1
塩・粗びき黒こしょう…各少々

濃厚なクリーミーさはやみつきに！

これぞシンプル＆ベストな組み合わせ。

カマンベールの
ふわとろオムレツ

Joe's Camembert
4
副菜で逸品
Cheese Recipe

あやうく、レシピ名を「天国への階段♪夢心地オムレツ」に
してしまいそうなほど、うっとりふんわりとろとろ。
朝ごはんでこれを食べたら、至福の1日が始まります。

—————————————— 作り方 ———— 所要時間 9 分

1 ボウルに卵を割りほぐし、塩、黒こしょ
うを加えて混ぜ、カマンベールチーズ
をちぎって加える。

2 フライパンにバターを温め、**1**を流し
入れてかき混ぜる。

3 半熟状になってきたら、フライパンの
端に寄せ、オムレツの形に整えて器
に盛る。ふきんなどをかぶせて手で
押さえ、形を整えたらできあがり。

Point!

チーズがとろけてくるとくずれや
すいので要注意。表面がなめら
かでなくてもいいので、しっかり
めに焼くのがおすすめ。それでも
中はふわとろです。

材料
（2人分）
カマンベールチーズ…1/2個
卵…3個
バター…10g
塩・粗びき黒こしょう…各少々

あふれ出るチーズと
ゴロゴロウインナー！

僕もこんな歓声を浴びるような人生を送りたかったな……と思うくらい、
みんなの前で切ると大喜びされるひと品。
子どもも間違いなく好きなので、パーティーでも重宝します。

カマンベールの
パイ包み焼き

 作り方

所要時間 27分

1 カマンベールチーズは横半分に切り、ウインナーは輪切りにする。

2 半分に切ったカマンベールチーズの下部分にウインナーを並べてオレガノを振り、上部分でふたをする。

3 パイシートを麺棒でのばして**2**をのせ、四隅を合わせるようにして包み込む。

4 溶いた卵黄を**3**の表面に薄く塗る。

5 200℃に予熱しておいたオーブンで**4**を20分焼いたらできあがり。

材料（2人分）
カマンベールチーズ…1個
冷凍パイシート…1枚
ウインナー…2本
乾燥オレガノ（あれば）…2振り
卵黄…適量

下準備
●パイシートは解凍しておく。
●オーブンは200℃に予熱しておく。

Point!

パイ生地の上に塗る卵黄はなくても味に差し支えはないのですが、塗ることでこんがりと焼き色がついて見た目がワンランクアップします。中の具はハムやミートソースでも美味。

ニラとラー油の
ピリ辛カマンベール

食べる箸がとまらなくなる、悪魔の逸品。
副菜としてはもちろん、お酒のお供にもぴったり。
ニラ×ラー油×ごま油の風味のかけ算が、
より一層、食欲をかき立ててくれます!

Joe's Camembert
4
副菜で逸品
Cheese Recipe

作り方　　　　　所要時間 8分

1 ニラは5〜6cm長さに切る。

2 深さのある耐熱皿にニラを敷き、カマンベールチーズをのせたら十字に切れ目を入れる。

3 ふんわりラップをし、電子レンジで2分加熱する。

4 混ぜ合わせた **A** を**3**に回しかけたらできあがり。

Point!

材料（3〜4人分）

カマンベールチーズ…1個
ニラ…1束

A
　しょうが（チューブ）…4cm
　白炒りごま…小さじ1/2
　めんつゆ（3倍濃縮）…大さじ1
　酢…小さじ1/2
　ごま油…大さじ1
　ラー油（お好みで）…2プッシュ

ただでさえ簡単レシピなのですが、ニラをキッチンバサミで切れば、作業はもっと簡単に。辛いのが苦手な方は、材料のAからラー油をのぞいてください。

ニラのパンチ力がたまらない絶品！

えのきのコリコリ食感が
クセになる。

カマンベール えのきまるごとのせ

一見、ちょっとびっくりする見た目なのですが、
実はこれ、おいしさもインパクト大なのです。
えのきとカマンベールチーズのうま味があふれまくりです。

───────── 作り方 ───────── 所要時間 **9** 分

1 万能ねぎは小口切りにする。

2 えのきだけは石づきを落としてラップ
に包み、電子レンジで1分20秒加熱
する。

3 カマンベールチーズに十字の切れ目を入れたら耐熱皿にのせ、
酒を振って電子レンジで1分加熱する。

4 3に2をのせ、万能ねぎを散らし、卵黄をのせる。ごま油、しょ
うゆをかけたらできあがり。

Point!

材料
（2人分）
カマンベールチーズ…1個
えのきだけ…1株
万能ねぎ…1本
卵黄…1個分
しょうゆ…小さじ2
酒…大さじ2
ごま油…小さじ1

工程2で、えのきだけの石づきを
落とす際、つながっている部分を
残して切り落とします。えのきだ
けがバラバラになることを防ぎ、
見た目もきれいに仕上がります。

厚揚げステーキの
カマンベールのせ

外はカリッと香ばしく、中はふわふわの厚揚げに、
とろーりとろけた、濃厚なカマンベールチーズをオン。
それは、約束された勝利の組み合わせ。

───────── 作り方 ─────────

 所要時間 9分

1 カマンベールチーズは4等分に切り、厚揚げは半分に切る。

2 フライパンにオリーブオイルを熱し、厚揚げを並べて表面が少しカリッとするまで焼く。

3 厚揚げを裏返し、カマンベールチーズをのせたらふたをし、1〜2分チーズがとろけるまで焼く。

4 器に**3**を盛り、わさびを添えたらできあがり。

Point!

カマンベールチーズをのせたら、ふたをして焼くことでとろり感が増します。厚揚げは焦げすぎないように注意しましょう。

材料（2人分）
カマンベールチーズ…1/2個
厚揚げ…2枚（300g程度）
わさび（チューブ）…適量
E.V.オリーブオイル…大さじ1

カリふわ&とろーり。酒のつまみにも。

ホッコリあったまるおいしさと癒し。

トマトジュースを料理に使うとびっくりされることが多いのですが、
実は、めちゃくちゃ使い勝手のいい食材だったりします。
旬の時期に収穫して保存・加工しているので、栄養も豊富なのです。

カマンベールで
トマトスープ

作り方 ─── 所要時間 (13)分

1 カマンベールチーズは半分に切る。玉ねぎ、にんにくはみじん切りにし、しめじは石づきを取ってほぐす。

2 鍋にオリーブオイルを熱し、にんにくと玉ねぎを透き通るまで炒める。

3 トマトジュース、水、しめじを加えて煮込む。

4 沸騰してきたら弱火にし、ふたをして5分温め、コンソメスープの素を加えて溶かす。

5 器にカマンベールチーズを入れ、**4**を流し入れる。乾燥パセリを振ったらできあがり。

材料（2人分）

カマンベールチーズ…1/2個
玉ねぎ…1/2個
しめじ…1/2パック
乾燥パセリ…適量
にんにく…1片
トマトジュース（無塩）…200㎖
顆粒コンソメスープの素…小さじ2
E.V.オリーブオイル…小さじ2
水…300㎖

Point!

トマトジュースは200㎖パックのものを使うと、ちょうど使い切れます。にんにくと玉ねぎはじっくり炒めることで、甘味とコクが深まります。

和えるだけの
お手軽レシピ。

材料（2人分）

カマンベールチーズ…1個
トマト…1個
アボカド…1個

A
乾燥バジル…小さじ1/4
はちみつ（または砂糖）…小さじ1
塩・こしょう…各少々
E.V.オリーブオイル…大さじ1

カマンベールと
トマトのオイル和え

作り方 ── 所要時間 **7**分

1 カマンベールチーズは8等分に切り、トマトとアボカドは2〜3cm角に切る。

2 ボウルに**A**を入れて混ぜ合わせ、**1**を加えて和えたらできあがり。

Arrange!

ゆでたパスタを冷水でしめ、工程2で一緒に和えたら冷製パスタに。極細のパスタ、カッペリーニを使えば、サラダ感覚でいただけます。

きのこの
カマンココット

Joe's Camembert 4 副菜で逸品 Cheese Recipe

材料（2人分）

- カマンベールチーズ…1個
- しめじ…1パック
- まいたけ…1パック

A
- わさび（チューブ）…4cm
- 塩・こしょう…各少々
- E.V.オリーブオイル…大さじ1と1/2

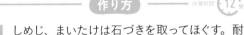

作り方 　　所要時間 12分

1 しめじ、まいたけは石づきを取ってほぐす。耐熱ボウルに入れてふんわりラップをし、電子レンジで2分加熱する。

2 1に**A**を加えて混ぜ合わせる。

3 大きめのココット皿に**2**を入れたら、4等分に切ったカマンベールチーズをのせ、オーブントースターで表面が軽く色づくまで焼く。

Arrange!

焼き上がったら、塩漬けされたブラックオリーブの実（適量）を散らしてもおいしいです。
お好みで。

お好きなきのこで
作ってもOK！

和・洋・韓の3つの
食材のハーモニー。

3種の発酵きんちゃく

所要時間 🕐 14分

材料（2人分）	カマンベールチーズ…1/2個
	キムチ…20g
	納豆…1パック
	油揚げ…2枚
	ごま油…小さじ2

1 油揚げを半分に切り、袋状に開く。

2 ボウルに納豆を入れてよく混ぜたら、キムチ、ちぎったカマンベールチーズを加えてさらに混ぜる。

3 1に2を詰めてつまようじで口をとめたら、ごま油を熱したフライパンで両面をこんがり焼く。

Point!

油揚げに具材をたくさん入れてしまうと、破けてしまったり、口がうまくとめられなかったりします。パンパンになりすぎないように量を調節しましょう。

108

JOE-SAN'S
CAMEMBERT CHEESE
RECIPES

Chapter 5

お酒がついつい進んじゃう おつまみレシピ

ビールにも、日本酒にも、酎ハイにも、ワインにも、
どんなお酒にも合わせやすいおつまみたちが集合!
定番なものからオリジナルレシピまで、どれもお手軽。

サクサク＆とろーりでビールが進む！

カマンベールの サクサクフライ

試作の時と、この本の撮影本番の時、2回ともおいしすぎて
余分に作りました。最高にサクサク感の出る
バッター液の配合を編み出したので、ぜひお試しあれ！

―――――――― 作り方 ―――――――― 所要時間 14分

1 カマンベールチーズを6等分に切る。

2 ボウルに水、卵を入れて溶き、薄力粉を加えて混ぜ合わせ、
バッター液を作る。

3 カマンベールチーズに薄力粉をまぶし、バッター液に浸し、
パン粉をつける。これをもう一度繰り返して衣を二重にする。

4 180℃に熱した揚げ油で**3**をこんがり
と色づくまで揚げる。

Point!

衣を二度づけするのがおいしさの
ポイントです。衣がはがれてしま
う場合は、衣をつけた後、冷蔵
庫で10分ほど休ませてから揚げ
てみてください。

材料（2人分）
カマンベールチーズ…1個
薄力粉…大さじ1
パン粉…適量
揚げ油…適量

バッター液
卵…1個
薄力粉…大さじ4
水…小さじ2

カマンベールで
アヒージョ

アヒージョにチーズ。組み合わせとしてはおいしそうだけど、
普通のチーズだと溶けてなくなってしまう……。でも、
カマンベールなら、あふれ出るのを皮が防いでくれるんです。

 作り方 ━━━ 所要時間 **16**分

1 エビは背わたを取り除き、マッシュルームは根元を切り落とす。にんにくは包丁の腹でつぶす。

2 小さめのフライパンにエビ、マッシュルーム、にんにくを並べたら、オリーブオイルと塩を入れて弱火にかけ、5分温める。

3 中央にスペースをあけ、カマンベールチーズを入れる。ふたをして3分加熱したらできあがり。バゲットにつけていただく。

Point!

アヒージョはとにかく「絶対にオイルをグラグラ沸かさない」のがポイントです。あくまで「オイル煮」であって揚げ物ではないのです。

材料（2～3人分）
カマンベールチーズ…1個
バゲット…6枚
エビ…8～10尾（110g程度）
マッシュルーム…4個
にんにく…4片
塩…小さじ1/4
E.V.オリーブオイル…100㎖

おいしくない、わけがない。

トースターですぐできるおしゃれおつまみ。

これ、パセリとにんにくのソースがめちゃくちゃおいしくて!
完成度が高すぎて「これ市販のソース?」って聞かれたくらい。
食欲増進効果もあるにんにくとパセリの香りが、よく合います。

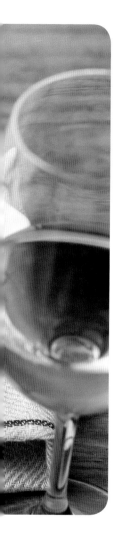

牡蠣カマンベール
ガーリック焼き

 作り方 所要時間 15分

1 牡蠣に片栗粉を振ってやさしく混ぜ、水適量を加えてもみ込む。汚れがきちんと取れたら、キッチンペーパーで水気を拭き取る。

2 カマンベールチーズは6等分に切る。

3 耐熱皿に牡蠣、カマンベールチーズをのせたら、オーブントースターで5分焼く。

4 パセリ、にんにくをみじん切りにして耐熱ボウルに入れ、バターを加えてふんわりラップをし、電子レンジで1分加熱する。

5 3に4をかけたらできあがり。

Point!

生食用の牡蠣をレアな焼き加減でいただくのがおいしいです。加熱用の牡蠣を使う場合は、工程3でまずは牡蠣だけを3分焼いてから、カマンベールチーズをのせて5分焼いてください。

材料（2人分）
カマンベールチーズ…1/2個
牡蠣（生食用）…6個
パセリ…適量（3g程度）
にんにく…1片
バター…20g
片栗粉…大さじ1

材料（2人分）
カマンベールチーズ…1/4個
バゲット…4枚
うに…40g
ピンクペッパー（あれば）…適量

海の香りにも
チーズが合う！

うにカマンカナッペ

作り方 ─── 所要時間  5分

1 カマンベールチーズを4等分に切る。

2 バゲットにカマンベールチーズをのせ、オーブントースターでとろけるまで焼く。

3 2にうにをのせ、ピンクペッパーを添えたらできあがり。

Arrange!

もうちょっとボリューミーに食べたい人は、牛しゃぶしゃぶ肉をさっと湯通しして一緒にのせても。不思議と、うにと牛肉の風味は合うんです。

サバ味噌カマンディップ

Joe's Camembert
5
お酒のおつまみ
Cheese Recipe

材料（2人分）

カマンベールチーズ…1/4個
クラッカー…15枚
サバ味噌煮缶…1缶（160g程度）
万能ねぎ…2本
しょうが（チューブ）…4cm

作り方

所要時間 12分

1 万能ねぎは小口切りにする。

2 ボウルにサバ味噌煮、しょうが、カマンベールチーズをちぎって入れ、フォークなどでほぐしながら混ぜる。

3 クラッカーに2、1の順にのせたらできあがり。

Arrange!

ヘルシーに食べたい場合は、クラッカーを食べやすいサイズに切ったキャベツで代用しても。

サバ味噌とカマンの奇跡の出会い。

カマンベールで
野菜ディップ

野菜スティックにカマンベールチーズで作るディップ。
これがさっぱりしていて、めちゃくちゃワインに合うのです。
チーズさえあればささっと作れる最強おつまみです。

 作り方 ──── 所要時間 10分

1 にんじん、セロリ、きゅうりは7〜8cmのスティック状に切る。

2 カマンベールチーズは包丁で表面のふちに沿って丸く切れ目を入れ、上部の皮部分を取り除く。

3 カマンベールチーズのとろっとした部分に白ワインを加えて混ぜる。

4 耐熱容器に入れた**3**を、ラップをせずに電子レンジで40秒加熱する。**1**の野菜スティックを添えたらできあがり。

Point!

白ワインがチーズをさらに味わい深いものにしてくれます。アルコールが含まれるので運転前の方やお酒に弱い方、お子さんは注意が必要です。

材料（2人分）
カマンベールチーズ…1個
にんじん…1/2本
セロリ（茎の部分）…1本分
きゅうり…1/2本
白ワイン…小さじ2

10分で完成する最強、神おつまみ！

高級店のオードブル
みたいな仕上がり！

5
分酒のおつまみ

カマンベールの
生ハム巻き

作り方 所要時間 **8**分

カマンベールチーズ…1/2個
生ハム…12枚
玉ねぎ…1/8個
アボカド…1/2個
粗びき黒こしょう…適量
E.V.オリーブオイル…適量

1 玉ねぎは薄切りにし、5分水にさらしたらよく絞る。アボカドは12等分の薄切りにする。

2 生ハムの上に玉ねぎ、薄切りにしたカマンベールチーズ、アボカドをのせて包む。

3 器に並べ、黒こしょうを振り、オリーブオイルを回しかけたらできあがり。

Arrange!

食パンにのせてオーブントースターで軽く焼き目がつくまで焼いたら、朝食にぴったりのトーストのできあがり。

ちくわカマン

（作り方）　所要時間 15分

1 ちくわは斜め薄切りにする。

2 耐熱ボウルにちくわ、カマンベールチーズをちぎって入れる。ふんわりラップをし、電子レンジで1分30秒加熱する。

3 熱いうちによく混ぜ合わせ、器に盛って青のりを振ったらできあがり。

Arrange!

仕上げに天かす（適量）をかけると、ちくわの磯部揚げ風になります。風味もうま味もぐんとアップ。

手と手を取り合う
ちくわとカマン。

チョリソー風の
ピリ辛おつまみ。

ウインナーとカマンベールの
ラー油和え

材料（2人分）: カマンベールチーズ…1/2個
ウインナー…4本
ラー油…2プッシュ

 作り方 所要時間 **6**分

1 カマンベールチーズは2cm角に、ウインナーは斜め半分に切る。

2 耐熱皿にウインナーを入れてふんわりラップをし、電子レンジで1分加熱する。

3 カマンベールチーズを加えてさらに電子レンジで20秒加熱し、ラー油をかけて和えたらできあがり。

 Arrange!

ホールコーン（適量）を加え、パプリカパウダー（少々）を振ったら、メキシカン風に仕上がります。

カマンベール チーズ餅

お酒のおつまみ 5

Joe's Camembert
Cheese Recipe

作り方

所要時間 8分

1 耐熱容器にしょうゆと砂糖を入れて混ぜ、電子レンジで40秒加熱する。

2 カマンベールを4等分に、餅を半分に切る。

3 餅をオーブントースターでやわらかくなるまで焼いたら、**1**を塗る。

4 のりに餅、カマンベールチーズをのせて包んだらできあがり。

Point!

トースターがない場合は、油を熱したフライパンで、両面をこんがりするまで焼いてもOKです。

お餅の食べ方の新定番になる予感！

たくあんの甘味と
チーズがマッチ!

たくあんの とろりカマンベール サンド

材料（2人分）：カマンベールチーズ…1/2個
たくあん…8cm

Arrange!

━━━━━ 作り方 ━━━━━ 所要時間 3分

1 たくあんを1cm幅に切る。

2 カマンベールチーズを4等分にちぎり、たくあんではさんだらできあがり。

いぶりがっこが手に入ればそちらを使うとより一層おいしい仕上がりに。のり巻きの具材にしても美味。

JOE-SAN'S

CAMEMBERT CHEESE

RECIPES

Chapter 6

おやつにも〆にも
極上スイーツレシピ

カマンベールチーズは、実はスイーツとの相性も抜群。
ふわふわクリームにしたり、焼いてとろんとさせたり。
大人はもちろん、子どもたちも大喜びのおやつたち。

パンケーキの中にチーズがゴロゴロ！

天使のようなふわふわパンケーキに、とろけるカマンベールチーズ。
たっぷりメープルシロップをかけていただきます。
なんでも包み込んでくれるパンケーキの包容力に完敗です。

カマンベールで
パンケーキ

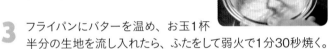

作り方

1 カマンベールチーズは8等分に切る。

2 ボウルに卵、牛乳を入れて混ぜ、ホットケーキミックスを加えてさらによく混ぜる。

3 フライパンにバターを温め、お玉1杯半分の生地を流し入れたら、ふたをして弱火で1分30秒焼く。

4 カマンベールチーズを生地に埋め込むようにしてのせ、裏返して2分焼く。同様にして4枚焼く。

5 器に盛り、メープルシロップをかけたらできあがり。

材料（2人分）
カマンベールチーズ…1個
ホットケーキミックス…150g
牛乳…140mℓ
バター…10g
卵…1個
メープルシロップ…適量

Point!

生地を焼く際、カマンベールチーズをのせるだけだと、裏返す時に落ちてしまうので、生地の中に軽く押し込むようにするのがコツです。焼きすぎると生地がパサついてしまうので要注意。

カマンベールフォンデュの
フレンチトースト

―――――― 作り方 ―――――― 所要時間 14分

1 食パンを4等分に切る。

2 ボウルに **A** を入れて混ぜ合わせ、食パンを浸す。

3 フライパンにバターを温め、**2**の両面を1分ずつ焼く。

4 耐熱ボウルにカマンベールチーズ、クリームチーズをちぎって入れ、牛乳、砂糖を加え、電子レンジで1分加熱する。

5 **4**をよく混ぜ合わせたら、再び電子レンジで1分加熱し、ザルなどで濾してチーズクリームを作る。

6 **3**のフレンチトーストを器に並べ、**5**をかけてくるみをのせたらできあがり。

材料（2人分）

【フレンチトースト】
食パン（8枚切り）…2枚
くるみ（あれば）…20g
バター…20g

A
牛乳…120mℓ
卵…1個
砂糖…大さじ2

【カマンベールチーズソース】
カマンベールチーズ…1個
クリームチーズ…50g、牛乳…20mℓ
砂糖…小さじ2

Point!

ザルで濾すことで、舌触りがよりなめらかで、リッチなカマンベールチーズソースができあがります。カマンベールチーズの皮が気にならない方は、濾す工程をスキップしてもOKです。

とろけるチーズソースにするため、何度も試作を繰り返し。

ようやく満足のいく、完璧なソースにたどり着きました。

カマンベールの風味を残しつつ、泡のような極上ソースです。

甘味と塩気の
絶妙なバランス。

カマンベールの
ようかん包み

材料〔2人分〕：カマンベールチーズ…1/2個
ようかん…60g

 作り方 ── 所要時間 **3**分

1 カマンベールチーズ、ようかんを4等分に切る。

2 カマンベールチーズに切れ目を入れ、ようかんをはさんだらできあがり。

Point!

チーズがようかんをパクッと食べているような容姿なのですが、これが手間であれば、平らに切ったようかんの上にチーズをのせるなど、切り方は自由でOK。

材料	
(2人分)	カマンベールチーズ…1個 サラダ油…小さじ1
A	ブルーベリー…100g 砂糖…大さじ4 レモン汁…小さじ1/2

カマンベールの
ベリーソースがけ

作り方 — 所要時間 **25分**

1 鍋に **A** を入れ、木べらなどでつぶしながら弱火で10〜15分、とろみがつくまで煮る。

2 フライパンにサラダ油を熱し、カマンベールチーズを片面2分ずつ焼く。

3 器に**2**を盛り、**1**のソースをかけたらできあがり。

Arrange!

ブルーベリーは冷凍のもので十分。ほかにもりんご、オレンジ、桃などを砂糖とレモン汁で煮込んで添えても合います。

ベリーソースで大人のスイーツに。

Joe's Camembert
6
極上スイーツ
Cheese Recipe

さつまいもの焼きカマン
はちみつがけ

さつまいものしっとり感と甘味が、
カマンベールチーズのとろり感と塩味に見事にマッチ。
さらにはちみつをプラスしたら、はい、大人スイーツの完成！

作り方

所要時間 14分

1 さつまいもをよく洗い、皮ごと3〜4cm角に切って耐熱ボウルに入れる。水小さじ2（分量外）を加えてふんわりラップをし、電子レンジで4分加熱する。

2 耐熱容器に1を入れ、カマンベールチーズを食べやすい大きさにちぎってのせたら、オーブントースターで表面が軽く色づくまで焼く。

3 はちみつをかけ、黒炒りごまを振ったらできあがり。

Point!

さつまいもはそのまま電子レンジでチンすると、水分が抜けてかたくなってしまうので、水を振りかけてから加熱してください。皮が気になる場合は、むいて調理してください。

材料（2人分）
カマンベールチーズ…1/2個
さつまいも
…1本（180〜200g程度）
黒炒りごま（あれば）…適量
はちみつ…大さじ1

ほっこりおいもに濃厚チーズ！

焼きぶどうの食感＆風味がマッチ。

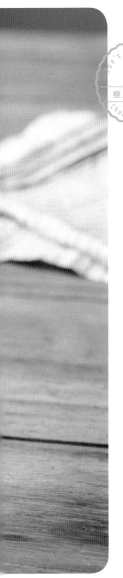

焼きぶどうと
カマンベールのせ

山梨のぶどう農家さんが教えてくれた「焼きぶどう」。
もうたまらなくおいしくて、カマンベールとの相性も抜群。
ぶどうは、焼くことで消化もよくなるんだそうです。

作り方

所要時間 **14**分

1 カマンベールチーズは6等分に切る。

2 ぶどうをアルミホイルの上に並べ、オーブントースターで10分焼く。

3 バゲットの上にカマンベールチーズ、ぶどうの順にのせ、ローズマリーを添えたらできあがり。

Point!

工程2の写真のように、水分が抜けるまで焼いてもおいしいのですが、お好みで、加熱時間を半分くらいにし、ややフレッシュな状態で食べてもおいしいです。ぶどうの品種もいろいろお試しあれ。

材料（2人分）
カマンベールチーズ…1個
バゲット…6枚
ぶどう（種なし）…20〜25粒
ローズマリー（あれば）…適量

焼きりんごの
カマンベールのせ

砂糖をまぶしてアルミホイルで包んだらトースターで焼く。
これだけでおいしい焼きりんごができます。
カマンベール村の名産・りんごとカマンベールは好相性。

 作り方 所要時間 30分

1 カマンベールチーズは半分に切る。りんごは縦半分に切り、種の部分をくりぬく。

2 くりぬいた部分に砂糖をまぶしたら、アルミホイルで包んでオーブントースターで20分焼く。

3 アルミホイルを開き、上にカマンベールチーズをのせ、さらにオーブントースターで5分焼いたらできあがり。

Point!

材料（2人分） カマンベールチーズ…1/2個
りんご…1個
砂糖…大さじ1と1/2

オーブントースターがない場合は、薄く切ったりんごをフライパンに並べ、中央にカマンベールチーズを置いて焼いてもOK。

ジューシーな焼きりんごが簡単に！

これはもうチーズ界の革命です。

6
極上スイーツ
Joe's Camembert
Sweets Recipe

カマンベールと
ドライフルーツのサンド

アルコールは入っていないのに、
まるでラムレーズンを彷彿とさせる、芳醇な香りと味わい。
もちろん、大人だけではなく、お子さんのおやつにも◎。

作り方 　　　　　　　　所要時間 **10**分
（冷蔵庫で冷やす時間をのぞく）

1 カマンベールチーズの上下を薄く切り
落とす。

2 くるみ、レーズン、ドライアップルを粗
みじん切りにする。

3 ボウルに**2**を入れ、カマンベールチーズの真ん中の部分を加
えて練り合わせる。

4 カマンベールチーズの上下の部分で**3**をはさみ、冷蔵庫で30
分冷やしたらできあがり。

材料
（2〜3人分）

カマンベールチーズ…1個
くるみ・レーズン・ドライアップル
…各15g

Point!

中に入れるナッツやドライフルー
ツは、お好みのものを組み合わ
せてみてください。カシューナッ
ツやドライイチジクもおすすめです。

カマンベールと
フルーツのマリネ

カマンベールチーズをひと口大に切って、フルーツと和える。
それだけでこんなにリッチな味になるの……？
ってくらいおいしい。カマンベールがいい仕事しています。

作り方

所要時間 **5** 分

1 カマンベールチーズは2〜3cmの角切り
に、いちごは縦半分に切る。

2 ボウルに **A** を入れて混ぜ合わせ、カマン
ベールチーズ、いちご、ブルーベリーを
和えたらできあがり。

材料（2人分）

カマンベールチーズ…1個
いちご…6粒
ブルーベリー…50g

A
白ワインビネガー（酢でも可）
…大さじ1
砂糖…小さじ1
E.V.オリーブオイル…大さじ2

Point!

フルーツは季節によって手に入りや
すさが違うので、手に入る旬の果物
を使いましょう。オレンジや柿、イチ
ジクもとてもおいしく仕上がります。

いろどり華やか！ なのに和えるだけ。

あなたが料理をしようと思ったきっかけはなんですか?

Twitterのフォロワーさんからレシピの感想をいただいたりするたびにいつも実感するのですが、料理をする理由って本当に人それぞれです。「楽しいから」という人もいれば、「必要にかられて」という方もいらっしゃいます。

僕自身はめちゃくちゃ料理が楽しいので、手間のかかる料理をしたい時もあるのですが、投稿レシピは（この本のレシピも）「必要にかられて」の方のために書いています。

普段は必要にかられて作る人も、自分にちょっとだけご褒美をあげたい時や食卓を少し華やかにしたい時ってありますよね。けれど手間や時間はかけられない、そんな時にカマンベールチーズってとても便利なのです。

本書で紹介したように、漬け込むだけ、和えるだけレシピや、男子が喜ぶがっつりボリュームご飯から、おしゃれなおつまみ、さっと作れるスイーツまで、めちゃくちゃ幅広く使えるのです。

レシピ開発にあたって200～300個くらいは食べました。短期間でこれだけカマンベールチーズを食べ続けた人はあまりいないと思うのですが、それでも「まだまだレシピを考えられるな」と思うほど。

そんなカマンベールチーズの素晴らしさを、「カタチにして伝えたい!」と思っていた矢先、話にのってくださったのが大和書房の滝澤さんでした。

ちょっとだけ裏話をすると、最初にいただいたご提案はまったく別の企画でした。私が「カマンベールチーズだけで本を作りたい!」と駄々をこねて、その場でメニュー案と企画を練ったことから始まった本書。社に持ち帰って企画を通していただいた滝澤さんには感謝しかありません。

最後になりましたが、改めて、本書を手に取っていただき、ありがとうございました。この本で皆さんの食卓が少しでも楽しいものになれば、こんなにうれしいことはありません。

2020年9月某日　ジョーさん。

ジョーさん。

1988年生まれ。料理研究家。
食の企画会社に3年勤務後、独立。家庭の時間を大切にするための「作り置き」が世に広まるよう、作り置きおかずのサイト「タベタノ？」を開設。レシピ考案からスタイリング、撮影まで1人何役もこなす。昨年Twitterを開始したところ、あっという間にフォロワーが25万人超に（2020年10月現在）。テレビや雑誌含め、多方面で活躍している。

サイト「タベタノ？」：http://tabetano.main.jp/
Twitter：https://twitter.com/syokojiro
Instagram：https://www.instagram.com/syokojiro1206/

【参考文献】 『一生役立つ きちんとわかる栄養学』飯田薫子・寺本あい監修（西東社）
『ツウになる！ チーズの教本』佐野嘉彦著、NPO法人チーズプロフェッショナル協会監修（秀和システム）

ジョーさん。のカマンベールチーズやみつきレシピ

2020年11月5日 第1刷発行

著者	ジョーさん。
発行者	佐藤靖
発行所	大和書房
	東京都文京区関口1-33-4
	電話 03（3203）4511
ブックデザイン	宮下ヨシヲ（SIPHON GRAPHICA）
撮影	片桐圭（lingua franca）
スタイリング	川﨑尚美
編集	滝澤和恵（大和書房）
印刷	歩プロセス
製本	ナショナル製本

本書で使用したカマンベールチーズはこちら

明治 北海道十勝カマンベール

モンドセレクションでも3年連続最高金賞を受賞。クセが少なく、まろやかな味わいが特長の、日本人の味覚に合わせて作られた究極のカマンベールチーズ。